Deutschland in alten Ansichtskarten
Wiesbaden

Wiesbaden
in alten Ansichtskarten

Herausgegeben von
Otto E. Fink

WEIDLICH

Genehmigte Lizenzausgabe für
Verlagshaus Würzburg GmbH & Co. KG, Würzburg 2002
© Weidlich Verlag, Würzburg
Grafik: Helmut Selle, Leipzig, Förster Illustration & Grafik, Würzburg
Druck/Weiterverarbeitung: Offizin Andersen Nexö, Leipzig
gedruckt in leipzig

ISBN 3-8003-1849-0

Aquis Mattiacorum, Wisibada, Wiesbaden...

„Uralte Heilkraft, ewig junge Schönheit" lautet der zugkräftige Werbespruch der Weltkurstadt (Name seit 1852) Wiesbaden. Er bezieht sich auf die heißen Quellen, die die Tradition als Badeort seit der Römerzeit begründeten. In der Tat beweisen Bodenfunde vom 1. Jahrhundert n. Chr. an, sei es aus dem Gebiet um den Kochbrunnen oder von der Adlerquelle, die Eigenschaft Wiesbadens – damals Aquae Mattiacorum genannt – als Heilbad. Die beiden erwähnten Thermen sind die bedeutendsten der insgesamt 26 heißen Quellen. In der Neuzeit hat man einige davon aus praktischen Gründen zusammengefaßt, andere stillgelegt. Alle zusammen haben Wiesbaden zu dem Beinamen einer „Bäderstadt" verholfen.

Doch auch schon in der Literatur der Römerzeit finden wir die Thermen des späteren Wiesbaden erwähnt. Plinius d. Ältere (23 bis 79 n. Chr.), ein römischer Naturforscher, der beim Ausbruch des Vesuvs 79 n. Chr. ums Leben kam, kennt bereits die Quellen der Mattiaker und schreibt darüber (übersetzt) in seiner Naturalis Historia: „Bei den Mattiacern in Germanien, jenseits des Rheines, gibt es heiße Quellen; davon Geschöpftes bleibt drei Tage heiß; am Rande (gemeint eines Gefäßes oder Bades) setzt das Wasser einen Sinter ab." Plinius spricht eigentlich nur von dem Volksstamm der Mattiaker. Doch „jenseits des Rheines" – aus der Mainzer Sicht – und „heiße Quellen", dazu den „Sinter", der sich auch heute noch stets an allen Gefäßen, die mit dem Wasser der Thermen in Berührung kamen, absetzt, lassen ohne jeden Zweifel die heißen Quellen Wiesbadens erkennen. Man nimmt an, daß diese Stelle des achtunddreißigbändigen Werkes ums Jahr 70 n. Chr. geschrieben wurde. Der amtliche Name der Bäderstadt fand sich 1896 auf dem Kasteler Meilenstein, der aus dem Jahr 122 n. Chr. stammt. Er lautet: „Aquis Mattiacorum". Der Originalstein ist erhalten.

Im frühen Mittelalter hat der Chronist und Baumeister Karls d. Großen, Einhard (770-840), erstmals 829 den deutschen Namen der Bäderstadt „Wisibada" in einer Handschrift überliefert. Für unsere Betrachtung ist deren Inhalt nur insoweit von Interesse, als in dem Namen auch der Badecharakter zum Ausdruck kommt. „Wisa" (so in einer zweiten Handschrift zur gleichen Sache) bedeutet in althochdeutscher Sprache „Wiese." Bad in den Wiesen also. Betrachtet man eine alte Darstellung Wiesbadens und dabei, wie der winzige Ort in dem weiten gänzlich unbebauten Talkessel inmitten von Wiesen liegt, dann wird klar, daß der Name zutreffend gegeben worden war. Noch im Jahr 1800 hatte Wiesbaden nur 2239 Einwohner.

Von einer Stadtrechtsverleihung ist urkundlich nichts bekannt. Noch 1241 ist Wiesbaden Reichsstadt, die im Interregnum (1254-1273) in die Hände der nassauischen Grafen walramischer Linie gelangt, die 1688 zu Fürsten, 1806 zu Herzögen wurden.

Die Schreibung des Ortsnamens entwickelte sich von Wisibadun (965), Wisebadon (1043), Wisibad (1123), Wisebadin (1214), Wiessbaden (1538), zu Wiesbaden (1679), doch liest man später noch Wisbaden (1710) oder Wissbaden (1771). Im Ortsdialekt lautet der Name „Wissbade".

Das Gesicht der Bäderstadt im Spiegel alter Ansichtskarten

Der vielbesuchte Kurort Wiesbaden ist schon früh abgebildet worden, um den von weither angereisten Gästen eine bleibende Erinnerung mit nachhaus zu geben. So entstanden unzählige Kupfer- und Stahlstiche, seit Wilhelm Scheffer genannt Dilich 1608 erstmals die Stadt im Kupferstich abbildete. Man ging dann mit der Zeit und machte sich jede technische Neuerung der Abbildungsmöglichkeiten zu Nutze, so: Steindruck (Lithographie), erfunden von Alois Senefelder (1771-1834), den Stahlstich oder

6

später den Mehrfarbendruck. Die Stiche mußten ja, wenn man sie farbig haben wollte, mit der Hand koloriert werden! Dem Bedürfnis, Angehörige und Freunde von der Schönheit der Bäderstadt und vom eigenen Wohlergehen dortselbst in Kenntnis zu setzen, und das mit einer schönen Darstellung zu tun, wurde der Geistesblitz des Oldenburger Hofbuchhändlers August Schwartz gerecht, der am 16. Juli 1870 die Ansichtspostkarte in den Alltag der gesamten zivilisierten Welt eingeführt hatte. Gerade die Weltkurstadt Wiesbaden weist dann seit jenen Tagen eine nicht mehr feststellbare Zahl der verschiedensten Ansichtspostkarten auf. Auch in diesen spiegelt sich ein Stück Kulturgeschichte wieder. Postkarten ohne Bilder gab es auch bereits vor dem genannten Datum. Von ihnen ist ein Kuriosum zu verzeichnen: Eine österreichische Karte mit eingedruckter Briefmarke (Kopf Kaiser Josephs) trägt den amtlichen Vermerk: „Die Postanstalt übernimmt keine Verantwortung für die Mitteilungen!" Bis 1905 war die Rückseite der Karten ausschließlich für die Adresse bestimmt. Das erklärt, warum die Bildseite so oft mit Nachrichten und Grüßen bekritzelt wurde. Vor dem Ersten Weltkrieg war es Mode, daß man in jeder Familie ein Postkartenalbum besaß, in das alle Weihnachts-, Oster- und Geburtstagsgrüße, von der Post für zwei (später fünf) Pfennige in der Stadt besorgt, hineinkamen. Doch, wie es auch mit vielen anderen Dingen geschieht, die aus der Mode kommen, die Postkartenalben mit ihren schönen Bildern wurden auf einmal nicht mehr geschätzt . . . in den Ofen gesteckt! Nur diejenigen Postkarten, die eine interessante Briefmarke oder einen schönen Poststempel aufwiesen, konnten sich relativer Sicherheit erfreuen. Soldaten der einstigen Friedensarmee durften lange vor dem Ersten Weltkrieg unfrankierte Karten versenden, die lediglich einen Poststempel erhielten. Doch auch nur dann, wenn sie ein Briefmarkensammler in die Hände bekam, konnte mit ihrer Bewahrung gerechnet werden. „Relativ" war diese Sicherheit deswegen, weil viele Sammler nicht „Marken auf Brief" begehren, sondern diese sorgfältig von den Postsachen ablösen. Diese werden dann in der Regel weggeworfen.

Erst die Nostalgiewelle hat auch den Wert der Ansichtskarte einer Vielzahl von Menschen wieder ins

Bewußtsein gebracht. Interessante Bild- oder Motivkarten werden nicht nur von Sammlern wieder hoch geschätzt! Die Ansichtskarte gibt nämlich oft wertvolle Aufschlüsse über das frühere Aussehen von Häusern und Straßenzügen, das sonst der Vergessenheit anheimgefallen wäre. Leider ist aber bereits allzuviel zerstört worden, ganz abgesehen vom Zweiten Weltkrieg.

Wollen wir uns nun einmal, von den schönen Bildern der Ansichtskarten geleitet, durch den aufstrebenden Badeort Wiesbaden zur Zeit des Historismus (Neu-Renaissance) und des Jugendstils führen lassen. Keine Mode kam auf, die es dann nicht auch in der Bäderstadt gegeben hätte: so begegnen wir bei unserem Gang einer „Mondscheinkarte" (Uhrturm) von 1898, die an dieses 1873 abgerissene Wahrzeichen der Stadt erinnert, weiter finden wir die zur Jahrhundertwende gängigen „Grußkarten", dazwischen einst beliebte Mehrbildkarten ... Wir kommen vorbei an vielen traulichen Ecken und Winkeln, Gebäuden, die lange der Spitzhacke zum Opfer fielen oder im Bombenhagel der Fliegerangriffe des Zweiten Weltkriegs gelitten haben oder untergingen. Dem noch lebenden Zeitgenossen jener Tage kommt durch das Betrachten vieles Halbvergessene wieder in den Sinn und bietet oft tagelangen Gesprächsstoff. Den Nachgeborenen wird ein neuer Gesichtswinkel beschert, wenn sie bei einem Spaziergang durch die längst veränderte Bäderstadt einen Vergleich zu den alten Bildern anstellen!

Bildverzeichnis

WIESBADEN -- Total

Weit schweift der Blick vom Neroberg über die Bäderstadt. Aus dem Häusermeer heben sich die Türme der Berg- und der Marktkirche in Bildmitte. Mit den vielen Anlagen macht Wiesbaden seinen Ruf wahr, eine schöne Wohn- und Gartenstadt zu sein.

11

Nerotal-Anlagen mit Neroberg und Griechischer Kapelle   Wiesbaden

1897 waren die Bäume der Nerotal-Anlagen gerade gepflanzt worden. Im Vordergrund die Geleise der 1889 eröffneten Dampfstraßenbahn.

Der Blick in das Nerotal mit seinen Villen und Anlagen von 1897 zeigt (links oben) den letzten Weinberg Wiesbadens, im Besitz der Stadt.

13

Kochbrunnen.

Kurhaus mit Anlagen.

WIESBADEN, den 25/7/99

Neues Theater.

Wilhelmstrasse

1899 arrangierte man die Ansichten von Wiesbaden in ein Glückskleeblatt.

14

Tempel a.d. Neroberg.

WIESBADEN

Aussichtstempel auf dem Neroberg. Von Baumeister Ph. Hoffmann mit den Säulen der einstigen Öllampen-
beleuchtung der Wiesbadener Straßen errichtet.

Wiesbaden,
Drahtseilbahn.

Die Nerobergbahn, eine Drahtseilbahn mit Zahnradsicherung, die durch Ein- und Ablassen einer bestimmten Wassermenge in den talwärts fahrenden Wagen den bergwärts gezogenen – mit dem dieser durch Drahtseil verbunden ist – hinaufzieht.

16

Um die Jahrhundertwende schätzte man farbige Karten mit mehreren Ansichten und dem obligatorischen „Gruß". Oben rechts das alte Kriegerdenkmal im Nerotal, an dessen Stelle jetzt das Reiterdenkmal von 1909 steht.

Wiesbaden,
Griechische Kapelle (II).

Die russische Kapelle auf dem Neroberg, (auch griechische wegen der Art des dort geübten Ritus genannt), 1855 für die im Kindbett verstorbene Herzogin Elisabeth von Nassau von Ph. Hoffmann errichtet.

18

Von dem Aussichtsturm des Restaurants Neroberg hat man eine überwältigende Fernsicht bis zum Rhein. Der Name des Berges hat nichts mit dem römischen Kaiser zu tun, sondern kommt von Ersberg, aus dem Nersberg und dann Neroberg wurde.

Wiesbaden, Kochbrunnen u. Bergkirche.

1888/90 wurde die „Neue Trinkhalle" (Gebäude im Vordergrund) des Kochbrunnens errichtet. Nur die rechten Gebäude stehen noch. Seit 1877/79 ragt der Turm der ev. Bergkirche über die Stadt.

Die alte Trinkhalle des Kochbrunnens diente den Kurgästen bei schlechtem Wetter. Unter einem 1976 abgerissenen Pavillon (im Bild nicht sichtbar) waren 15 Thermalquellen vereinigt, die stündlich 22 800 Liter an die umliegenden Badhäuser abgaben. Der gepflegte Park bildete einen beliebten Treffpunkt der Kurgäste.

Ein beliebter Sonntagsspaziergang war zu allen Zeiten „Unter den Eichen". In der „Bürger-Schützen-Halle" saß man an lauen Tagen bis spät in die Nacht.

WIESBADEN
Café „Orient"
unter den Eichen.

„Unter den Eichen" steht das ehemalige Café „Orient". Im maurischen Stil erbaut, war es der beliebte Treffpunkt vieler Pärchen.

23

Wiesbaden. Schillerplatz und Polizeipräsidium.

Das Polizeipräsidium, dessen Eckbau und die rechts gegenüberliegenden alten Häuser (damals Verkehrsbetriebe, zuvor Nass. Sparkasse), im Zweiten Weltkrieg zerstört wurden.

Eine Bombennacht (2./3. Februar 1945) im Zweiten Weltkrieg zerstörte den prächtigen Mittelteil der Vorderfront des Wiesbadener Rathauses. Beim Wiederaufbau wurde sein Aussehen völlig verändert.

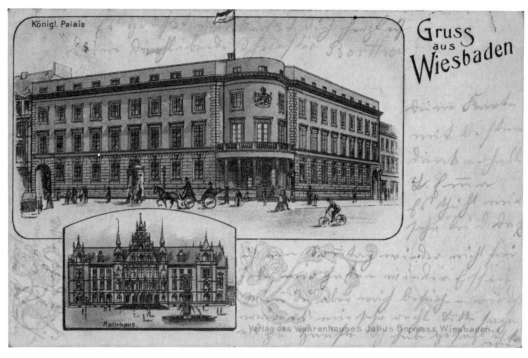

Das Stadtschloß, 1837 von Herzog Wilhelm begonnen, 1842 unter Herzog Adolf von Nassau vollendet. Heute Sitz des hessischen Landtags.

1873 abgerissen

"Alt-Wiesbaden" meinem lieben Lauder Wilhelm mit herzlichen
Glückwünschen zum 59ten Geburtstag von deinem alten
Tettchen.

Die Marktstrasse mit dem Uhrthurm.

Noch lange trauerte man in Wiesbaden dem vor 1503 am Michelsberg erbauten „Uhrturm" nach, als am 25. April
1873 sein Abbruch beendet war. Erst dann wurde vielen bewußt, daß man ein Wahrzeichen der Stadt beseitigt hatte.
Die Ansichtskarte von 1898 zeigt ihn im „Mondschein-look", wie ihn die Zeit liebte.

27

WIESBADEN, Blumengarten vor dem Kurhaus mit Hotel Nassauer Hof

Die Grünflächen vor dem Kurhaus dienten einstmals einem englischen Ballspiel bis dort die Wasserspiele mit ihren kleinen Bassins entstanden. Seit jener Zeit heißt diese Grünanlage „Bowling green". Der Nassauer Hof, eines der führenden Hotels der Stadt, (Wiederaufbau der oberen Stockwerke nach Kriegszerstörung) im Hintergrund.

An der Rückfront des Staatstheaters (1892/94 von Fellner und Hellmer erbaut), steht das Theaterfoyer, jetzt verdeckt durch einen Neubau.

Das neue Rathaus (rechts) 1884/87 von Prof. Hauberisser unter Oberbürgermeister v. Ibell erbaut. Im Hintergrund die Marktkirche.

Marktplatz und Hinterfront des Rathauses. Im Hintergrund der Kavalierbau des Stadtschlosses, der nach Zerstörung wiedererrichtet worden ist.

Untere Wilhelmstrasse

Die Prachtstraße Wiesbadens (Wilhelmstraße) wies in den achtziger Jahren des 19. Jahrhunderts noch kleinere Häuser der klassizistischen Zeit auf, die später Gebäuden des Historismus Platz machen mußten.

32

Wiesbaden. Wilhelmstrasse von der Taunusstrasse.

Ecke Taunus-, Sonnenberger- und Wilhelmstraße (1898). In diesen Häuserkomplex schlugen im Zweiten Weltkrieg Bomben.

Wiesbaden.   Wilhelmſtraße.

Links das „Erbprinzenpalais" – heute Industrie- und Handelskammer. Rechts die Platanenallee. Die Straßenbahn fährt zum Rheinufer (1905).

34

Wiesbaden   Neuer Hauptbahnhof

Vor dem Hauptbahnhof, 1906 errichtet, warteten die Elektrischen zur Fahrt nach dem Nerotal, nach Sonnenberg oder Biebrich.

Enthüllungsfeier des Kaiser Friedrich Denkmals Wiesbaden 18. Oktober 1897.

4776 Kunstanstalt Lautz & Isenbeck, Darmstadt.

Die Karte zeigt das noch verhüllte Kaiser-Friedrich III.-Denkmal von Uphues (Wilhelmstraße) am Tag der Ein-
weihung (18. Okt. 1897).

36

Festspiele im Königl. Theater Wiesbaden in Gegenwart Ihrer Majestäten und der Prinzessin Victoria Luise.

Glanztage für die Bäderstadt waren stets die Besuche der Kaiserfamilie zu den Maifestspielen.

Das Staatstheater (1893/94), Schauplatz der alljährlichen Maifestspiele.

Das Staatstheater vom Zeppelin aus am 2. Aug. 1909 aufgenommen.

Wiesbaden. Der Kursaal.

Verlag v. Edm. von König, Heidelberg. 1440.

Das „Alte Kurhaus" (1808/10), davor eine der Kaskaden (1856) in den „Bowlinggreen" genannten Anlagen.

40

Dieser prächtige Saal des alten Kurhauses von 1808/10 sah schon Goethe, Blücher und ein Dutzend Potentaten aus aller Welt auf seinem spiegelnden Parkett.

Wiesbaden 5 Oktober 1903.   Ruheplätzchen am Kurhaus.

Die Rückfront des „Alten Kurhauses", Ansicht von 1903.

Um dem neuen Kurhaus Platz zu machen, riß man den gediegenen Bau des alten Kurhauses 1904 ab. Eine der Säulen stellte man in der „Warmen-Damm-Anlage" auf.

43

Gemütlich saß man 1904 im Freien im „Café Veilchen" im Kurviertel.

Wiesbaden.
Kurhaus und alte Kolonnade.

Das prächtige neue Kurhaus (1904/07) mit den beiden Kaskaden. Links die alte (nördl.) Kolonnade (1825/26).

Der ehemalige Wilhelmsbrunnen neben dem Hoftheater. 1879 wurde hier der Ausschank des Thermalwassers begonnen. Der eiserne Pavillon wurde 1885 errichtet.

46

WIESBADEN Neues Kurhaus

•Mit Pferdekutschen fuhr man 1905 vor dem neuen Kurhaus vor. Nur 4 Taxi gab es damals erst.

Die Parkseite des neuen Kurhauses mit dem Kurhausweiher.

Das Kurhaus, 1905/07 nach Plänen des Münchner Architekten Friedrich v. Thiersch errichtet. Vor dem Ersten Weltkrieg dekorierte man die Anlagen davor im Sommer mit Zitrusbäumchen in Kübeln, wodurch ein südlicher Anblick entstand.

49

Ein Gruß aus Wiesbaden von 1899 mit der Fontäne im Kurhausweiher.

Auf der Terrasse des neuen Kurhauses saß man schon vor dem Ersten Weltkrieg gern in der Frühlingssonne.

Kursaalplatz Wiesbaden

Römmler & Jonas, Dresden. 547 Gegina

Blick über die Anlagen des „Bowlinggreen" zum Straßeneinschnitt der Webergasse. Die Bomben des Zweiten Weltkrieges veränderten diese Straße völlig. Im Hintergrund der ebenfalls zerstörte „Feuerturm" auf dem Schulberg.

52

Königl. Theater.

Kochbrunnen.

GRUSS aus Wiesbaden

396 Evgl. Kirche.

Wilh. Strasse.

Möglichst viele Bilder der Stadt sollte der Kartengruß von 1902 zeigen. Hier: Theater, Kochbrunnen, Marktkirche und die Wilhelmstraße.

Der Kochbrunnen.
Wiesbaden.

Um den „Kochbrunnen" (Pavillon links im Vordergrund) drehte sich der Kurbetrieb der Stadt bis ins Industrie-
zeitalter. Nur noch die Häuserreihe im Hintergrund (rechts) ist unverändert erhalten.

WIESBADEN,
KOCHBRUNNEN.

„Kochbrunnen" von der Taunusstraße aus gesehen, im Stil der „Neurenaissance" (1898).

Eine Trinkhalle, die an den Kochbrunnen angebaut war, schützte die Kurgäste bei schlechter Witterung, wenn sie ihr „Kränchen" tranken. Sie ist längst abgerissen.

Blick von der Taunusstraße auf das unbeschädigt gebliebene Hotel „Rose". Dennoch ist heute die Ansicht nicht mehr die gleiche.

Die Kaiserin Auguste Viktoria mit ihrer Oberhofmeisterin Gräfin Brockdorff vor dem Hotel „Rose".

Die Taunusstraße im Jahre 1900.

Völlig zerstört. wurde im Zweiten Weltkrieg die Trinkhalle der „Adlerquelle". Sie war im Jugendstil errichtet.

Wiesbaden. — Partie am Curhausprovisorium

Ein Teil der alten „Trinkhalle" (1888/90) wurde (1905) bei der „Blumenwiese" im Kurviertel aufgestellt, als sie beim Kochbrunnen abkömmlich war.

WIESBADEN   Denkmal Kaiser Wilhelm I. in dem Kurpark

Das Kaiser-Wilhelm-Denkmal (1894) in den „Warmen-Damm-Anlagen".

WIESBADEN

Bismarck – Denkmal

Salutations Margarete Kroner

Nur die Figuren am Fuße des Bismarckdenkmals von Herter (1898) zerstörte der Zweite Weltkrieg. Später wurde das Standbild entfernt und der Bismarckplatz umgestaltet.

Die Lutherkirche (1910 von Pützer erbaut), rechts dahinter die Gutenbergschule (1905) und die Turmspitzen der kath. Dreifaltigkeitskirche (1912).

Das Denkmal Wilhelms von Oranien (1533-1584), des „Schweigers", auf dem Schloßplatz. Im Hintergrund das im Zweiten Weltkrieg zerstörte Lyzeum I.

Die Ringkirche am Kaiser-Friedrich-Ring (1892/94 von Otzen errichtet). Der Ornamentschmuck, der ihr Bild umgibt, ist im Stil des Historismus gestaltet. Über dem preußischen (Hohenzollern-) Wappen ist das Dreililienwappen Wiesbadens zu sehen.

65

Am Ende des Bismarckrings liegt der Sedansplatz umgeben von Häusern im Stil des Historismus der Achtziger und Neunziger Jahre des 19. Jahrhunderts. Heute befindet sich hier ein umfriedeter Kinderspielplatz.

Das Ringkirchenviertel vom Zeppelin aus am 2. August 1909 aufgenommen.

Wiesbaden — Kaiserl. Hauptpost-Amt in der Rheinstrasse

Carl v. d. Boogaart, Wiesbaden. No. 467.

Das ehemalige Walderdorff'sche Palais an der Rheinstraße, 1877 bis 1905 als Hauptpost benutzt. 1905/07 von neuem Hauptpostgebäude am gleichen Platz abgelöst, das 1975 ebenfalls aufgegeben wurde.

68

Wiesbaden — Luisenstrasse mit Bonifaciuskirche

Die Kirchgasse, heute die betriebsamste Geschäftsstraße der Stadt, zeigt sich 1909 recht wenig belebt, desgleichen die Luisenstraße, an der (Hintergrund, Mitte) die St. Bonifatiuskirche steht. Das Jugendstilgebäude (rechts) ist der ehemalige „Nonnenhof".

Wiesbaden.

Rheinstrasse mit Artillerie-Kaserne.

Rheinstraße Ecke Kirchgasse mit (rechts) Artilleriekaserne (1828/29), die später den städtischen Fuhrbetrieben diente und im Zweiten Weltkrieg durch Bomben zerstört wurde. Hintergrund (Mitte) die Ringkirche.

70

Wiesbaden

Artilleriekaserne in der Rheinstraße

Carl v. d. Boogaart, Wiesbaden. No. 448.

Ecke Rhein- und Schwalbacher Straße stand einst eine der Kasernenbauten der nassauischen Artillerie, der Traditionstruppe des 1. Nassauischen Feld-Artillerie-Rgts. Nr. 27 (Oranien) der preußischen Armee. Das Bild von 1904 zeigt ein schmuckes klassizistisches Gebäude.

71

Beliebt waren Ansichtspostkartengrüße aus der Dienstzeit beim „Kommiß". Hier aus der „Kantine der II. Abteilung des 1. Nassauischen Feldartillerie Rgts. Nr. 27" von 1903.

Die Kaserne der Infanterie (1816/19) – heute Platz der Deutschen Einheit – wurde 1909 vom Zeppelin aus fotografiert. 1911/12 legte man das schloßähnliche klassizistische Gebäude nieder.

Wiesbaden   Neue Töchterschule.

Das im Zweiten Weltkrieg zerstörte Lyzeum I am Schloßplatz, 1898/1900 erbaut.

Der Luisenplatz mit der Bonifatiuskirche, 1845/49 von Philipp Hoffmann errichtet. Die Türme wurden erst 1865/66 erbaut. Das Waterloo-Denkmal (Bildmitte) erinnert an die im Kampf gegen Napoleon 1815 gefallenen Nassauer.

Wiesbaden.   Realgymnafium.

124. Kunstdruckerei Gebr. Isenbeck, Wiesbaden.

Das einstige Humanistische und Realgymnasium am Luisenplatz, das zuvor als „Münze" diente. 1829/31 erbaut.

76

Wiesbaden

Kirchgasse

Der Straßenzug der Kirchgasse ist der gleiche geblieben, doch die Häuser haben mit der Zeit ihr Gesicht verändert.
Karte von 1908.

Nonnenhof Wiesbaden.

Komfortabel und modern eingerichtetes Hotel, verbunden mit
erstklassigem Wein- und Bier-Restaurant, Café.
Spielsäle. Großer Billardsaal. Anerkannt vorzügliche Küche.
Spezialität: Naturreine Weine, Bordeaux-Weine. — Telefon 485.

Der stattliche, im „Jugendstil" errichtete „Nonnenhof",
Ecke Kirchgasse und Luisenstraße, dient schon lange nicht
mehr als Hotel.

WIESBADEN,
DAS RÖMERTOR.

Die geringen Reste der „Heidenmauer" wurden beim
Durchbruch der Coulinstraße (1902/03) mit dieser Treppe
und dem phantasievollen Überbau versehen, um ihnen ein
„römisches" Aussehen zu verleihen. Karte von 1905.

Die Langgasse 1907. Mit der Kirchgasse zusammen bildet sie den ältesten Straßenzug in Deutschland rechts des Rheines. Zahllose römische Funde kamen hier ans Licht.

Kranzplatz mit Hygieagruppe   Wiesbaden

Die Langgasse endet am Kranzplatz, den einst das älteste Denkmal Wiesbadens (1850), die „Hygieagruppe"
(vorn links) zierte. Ansichtskarte von 1906.

WIESBADEN. Kaiser Friedrich-Bad.

Bei der „Adlerquelle"(67°), der bedeutendsten nach dem Kochbrunnen, errichtete die Stadt das Kaiser Friedrich-Bad (1910/13) nach Plänen von A. O. Pauly.

Die Bahnhofstraße führt vom Hauptbahnhof (im Hintergrund rechts) vorbei am ehemaligen Hotel Reichspost zum Marktplatz und Rathaus.

Krankenhaus   Kapelle

Schwesternhaus

Erziehungshaus

Pfarrhaus

Diakonissen-Mutterhaus „Paulinenstift" zu Wiesbaden

Verlag: Karl Schipper, Hof-Photogr., Wiesbaden

Das (ev.) „Paulinenstift", ein angesehenes Krankenhaus der Bäderstadt, das nach der zweiten Gemahlin Herzog Wilhelms, Pauline von Württemberg (1810–1856), benannt ist.

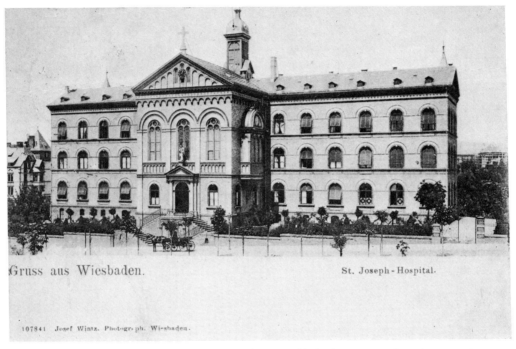

Gruss aus Wiesbaden.

St. Joseph-Hospital.

107841   Josef Wintz. Photogr. ph. Wiesbaden.

1907 versandten katholische Kranke einen „Gruß aus Wiesbaden" vom St. Josephs-Hospital.

Der gezeigte Blick in die Webergasse bot sich unweit des Kaiser-Friedrich-Denkmals. Die Stelle wurde ein Opfer der Bomben.

Ganz der Mode der Zeit des Historismus entsprechend, ist dieses Kartenbild als Urkunde mit daranhängenden Siegeln und Glückskleeblättern gestaltet. Es zeigt Wiesbaden von der Kapellenstraße aus gesehen.

Wiesbaden. — Paulinenschlösschen. Gurhausprovisorium.

Das „Paulinenschlößchen", 1841/43 von Herzog Adolf von Nassau für seine Stiefmutter, Herzogin Pauline, geb. Prinzessin von Württemberg (1810–1856) errichtet. Es diente während das neue Kurhaus erbaut wurde 1904/07 als „Kurhausprovisorium". Im Zweiten Weltkrieg zerstört.

86

Wiesbaden – Kranzplatz mit den Hôtels „Englischer Hof", „Schwarzer Bock" und „Palast-Hôtel"

Beim Kranzplatz endet die Langgasse. Hier stand einst das 1850 enthüllte Hygieadenkmal, das Karl Hoffmann schuf.

Wiesbaden, Victoria-Hôtel u. Badehaus

Ecke Wilhelm- und Rheinstraße stand bis in die Bombennächte des Zweiten Weltkriegs der Doppelbau des „Victoria-Hotels".

Die Elektrische, 1900 eingeführt, hatte im Sommer offene Wagen. Hier fährt sie durch die Taunusstraße. Links die alte Kochbrunnenanlage.

Mit dem Erlös der Spielbankgewinne wurde die „Warme Damm Anlage" angelegt. Auf ihrem Teich tummeln sich stets viele Arten von Wasservögeln. Durch ihre Lage entlang der einzeilig bebauten Wilhelmstraße versieht die Anlage die Funktion einer „Grünen Lunge".

WIESBADEN. Rennbahn b. Erbenheim.

Die Pferderennbahn in Erbenheim wurde am 23. Juli 1910 feierlich eingeweiht. Seit 1930 diente sie der zivilen Luftfahrt, doch vom Ausbruch des Zweiten Weltkrieges an wurde sie Militärflughafen.

Biebrich a. Rh.
Dampfer-Landungsstelle.

Tag für Tag landen in Biebrich Personenschiffe und Frachter. Alle Gebäude unserer Karte existieren nicht mehr.
Karte von 1908.

Strandbäder gab es erst in den Zwanzigerjahren, doch waren vor dem Ersten Weltkrieg zwei Badeanstalten bei der Rettbergsaue – der Rheininsel gegenüber der Stadt – verankert. Sie gehörten Paul Ezelius und Schneiderhöhn und erfreuten sich großer Beliebtheit.

93

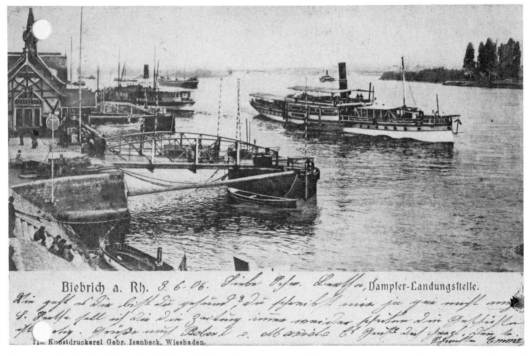

Biebrich a. Rh. *3.6.06.* ~~Liebe Schw. Lassor,~~ Dampfer-Landungsstelle.

Zwei niederländische Dampfschiffe (kenntlich an den schwarzen Schornsteinen) auf dem Rheinstrom vor Biebrich.
Karte von 1906.

Die Süddeutsche Eisenbahngesellschaft bewältigte mit Dampfstraßenbahnen von 1889 bis 1900 den Personen-
verkehr vom Rheinufer bis zum Nerotal (Beausite). Ein Zug rechts im Bild der Karte von 1897.

Das Biebricher Schloß. Baubeginn um 1700, völlige Fertigstellung erst 1854, Ostflügel im Zweiten Weltkrieg beschädigt, später abgetragen. Karte von 1904.

Die Mosburg im Schloßpark ist eine echte mittelalterliche Burg, die 1805/06 in der Art der Romantik erneuert wurde. Im Zweiten Weltkrieg ruiniert. Karte von 1908.

Biebrich am Rhein   Armenruhstrasse u. kathol. Pfarrkirche

Seit langem ist die Armenruhstraße mit hohen Häusern bebaut. Um für sie Platz zu schaffen, wurde auch das schöne klassizistische Gebäude hinter dem Holzplatz abgerissen. Karte von 1905.

Biebrich a. Rh. Die Kaiserstraße.

Die Zeit vor dem Ersten Weltkrieg liebte es, ihre Karten originell zu verzieren. 1913 wird so die Ansicht der Kaiserstraße (Straße der Republik) wie ein gerahmtes Bild dargestellt. Im Zuge dieser Straße lag (weiter oberhalb) ein Hof,
den Kaiser Otto III. (983–1002) dem Kloster Selz im Elsaß (991) schenkte.

99

Kaiserplatz mit Kriegerdenkmal.

BIEBRICH.

Vom Rheinufer wurde 1907 der Standplatz des Kriegerdenkmals auf den Kaiserplatz verlegt, wo es bis 1954 verblieb. Karte von 1910.

100

Biebrich a. Rhein   20.6.03.   Neuer Brunnen.

Carl v. d. Boogaart, Wiesbaden. No. 385.

Der „Galathea-Brunnen" in der „Friedensanlage" in Biebrich. Im Hintergrund (links) das „Depot" der Süddeutschen Eisenbahngesellschaft. Heute ragt dort ein Hochhauskomplex. In der Anlage stehen hohe Bäume und die Baulücken der Kaiserstraße (Straße der Republik) sind längst geschlossen. Karte von 1903.

Biebrich a/Rhein.

Am Rheinufer, Landestelle der Dampfboote, Kriegerdenkmal u. Hôtel Nassau.

HELIOCOLORKARTE

Scherzweise nannte man die Agentur der Weißen Flotte in Biebrich „St. Josephskapelle", nach dem Vornamen eines Agenten. Rechts das Kriegerdenkmal, das bis 1907 am Rheinufer stand. Karte von 1903.

102

Der Biebricher Wasserturm (1896/97) auf der Adolfshöhe
ist weit im Land zu erkennen, selbst noch von der Rochus-
kapelle bei Bingen. Leider darf er nicht mehr als Aussichtsturm benutzt werden. Karte von 1906.

Bequem vom „Chausseehaus" kann der Wilhelms-Turm
auf dem Schläferskopf, 1905 errichtet, durch schönen Wald
erreicht werden. Weit schweift der Blick von hier über
Wiesbaden und die Taunusberge.

103

1899 besaß Wiesbaden noch keine Kongreßhalle, deshalb mußte eine „Festhalle" aufgeschlagen werden. Die Zeichnung stammt von F. Nitzsche, der das Kostümwesen und die Ausstattung des Wiesbadener Theaters leitete.

104

1899 fand das Mittelrheinische Kreisturnfest in Wiesbaden statt. Eine Mini-Olympiade, die ungeahnte Besucher- und Teilnehmerzahlen in die Bäderstadt brachte.

Ausstellung Wiesbaden 1909. Vergnügungspark

Restaurant Oberbayern | Panorama | Achter-Rutschbahn | Mäuseturm

Senegalesen-Dorf

Eine besondere Attraktion war die Ausstellung für Handwerk, Gewerbe, Kunst und Gartenbau im Mai 1909 im Mühltal. Eine Achterbahn, eine Nachbildung des Mäuseturms bei Bingen, ein oberbayrisches Restaurant und sogar ein Senegalesendorf dienten zur Unterhaltung und Zerstreuung der zahllosen Besucher.

Klostermühle, den [handwritten text]
bei Wiesbaden.

[handwritten text]

Die Klostermühle am Druderbach bei Klarenthal, zu dem sie früher gehörte, als dort noch ein Nonnenkloster war, ist 1700 neu erbaut worden. Sie hatte schon immer Restaurationsbetrieb. Sie sah selbst Joh. Wolfgang v. Goethe unter ihren Gästen. Bomben zerstörten die historischen Gebäude im Zweiten Weltkrieg.

Wiesbaden   Försterhäuschen Im Dambachtal

Zu jeder Jahreszeit ist das Dambachtal ein beliebtes Spaziergangziel. Im rauschenden Hochwald liegt das Forsthaus.

Das „Holzhackerhäuschen" im Wiesbadener Wald war immer ein beliebtes Ausflugslokal. Selbst dieses im Wald versteckte Gebäude suchten die Bomben im Zweiten Weltkrieg heim. Karte von 1906.

Das ehemalige Kloster Klarenthal, 1298 von König Adolf von Nassau (1292–1298) gestiftet.

Rund um Wiesbaden liegen viele Ausflugsziele, an die man sich in der Bäderstadt gerne erinnert, weil mit ihnen oft Jugenderinnerungen verknüpft sind. Hier die alten Gebäude der Fischzucht. Karte von 1902.

111

Im Adamstal steht das Waldhäuschen, bei dem man Damwild beobachten konnte, als diese Karte 1898 versandt wurde.

Wiesbaden. Kuranstalt Dietenmühle mit Lawn Tennis-Platz.

Die Dietenmühle, (urkundl. um 1356 genannt). Eine Abzweigung des Rambachs trieb sie. Später war sie eine „Kuranstalt", aber auch beliebtes Ziel von Spaziergängen in nordöstlicher Richtung aus der Stadt heraus. Karte von 1901.

Rud. Bechtold & Co., Wiesbaden.

Bes. Wilhelm Hammer.

Gruss vom
Luftkurort und Hotel-Restaurant
Bahnholz b. Wiesbaden.
264 m ü. d. M.   Telephon Nr. 432.

Das „Bahnholz" (264 m über dem Meer) besteht heute noch als Krankenanstalt. Die zahmen Eichhörnchen kommen dort bis in die Zimmer. Karte von 1905.

114

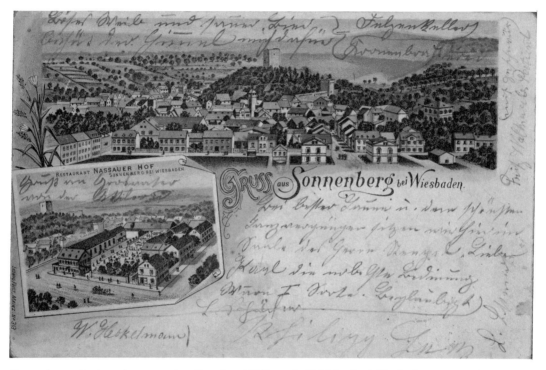

Sonnenberg mit seiner altnassauischen Burg (um 1200) wurde 1926 der Stadt Wiesbaden eingemeindet. Sehenswert ist die Stadtmauer mit alten Wehrtürmen. Charakteristische Karte von 1897.

Heute ist all das, was diese Ansichtskarte von 1897 als Feld zeigt, längst mit Villen bebaut, gehört doch Sonnenberg zu den begehrtesten Wohngebieten der Stadt.

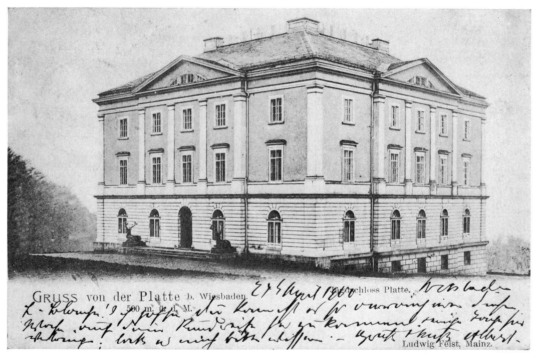

GRUSS von der Platte b. Wiesbaden.
500 m. ü. d. M.

Schloss Platte.

Ludwig Feist, Mainz.

Das Jagdschloß „Platte" wurde von Baurat Schrumpf unter Herzog Wilhelm von Nassau 1823/24 errichtet. Im letzten Krieg zerstörten Raketen den klassizistischen Bau, der heute noch Ruine ist. Karte von 1900.

Das einstige Forsthaus und Gasthof neben dem Jagdschloß „Platte" (501 m über dem Meer), war ein beliebtes Ausflugsziel. Raketen zerstörten die Gebäude im Zweiten Weltkrieg.

118

Leichtweisshöhle beim Neroberg

Wiesbaden

Stengel & Co. Dresden-Berlin 23538

Die „Leichtweishöhle" gehört zu den Dreisterne-Schulausflugszielen der Wiesbadener. Als „Felsdach" diente sie einem Dotzheimer namens Leichtweis, der des Wilderns bezichtigt wurde, als nächtlicher Unterschlupf. Mit den Jahren zur „Höhle einer Räuberbande" ausgestaltet, ist sie hier um 1900 abgebildet.

Wie man sich die Festnahme von Heinrich Anton Leichtweis vor seiner „Höhle" vorstellte! In Wirklichkeit wurde er 1791 in Bergen bei Frankfurt festgenommen. Karte von 1903.

Kellerskopf mit Aussichtsturm.

Der Turm vom „Kellerskopf" ostwärts der „Platte" und von dort auf einem guten Waldweg zu erreichen, wurde im Zweiten Weltkrieg stark beschädigt. Niemand kann sich mehr daran erinnern, daß sich der Turm mit seiner Gaststube auf einer kahlen Kuppe befand, denn ringsum stehen hohe Waldbäume. Karte von 1904.

PARTIE a. d. STRECKE WIESBADEN-LG. SCHWALBACH

Die Eisenbahn nach Bad Schwalbach erschloß den Wiesbadenern mit ihren Stationen „Chausseehaus" und „Eiserne Hand" die Taunuswälder. Der erste Probezug fuhr am 1. Mai 1894.

Sommerfrische „Villa Taunusblick" u. Restaurant „Chausséehaus"
bei WIESBADEN (310 Meter über dem Meere).
Besitzer: A. Meier.

„Chausseehaus" war einst Ausgangspunkt der Waldwanderungen des kleinen Mannes, als die Eisenbahn ihre Monopolstellung noch nicht an das Kraftfahrzeug abgegeben hatte.

123

Die Gemarkung von Frauenstein mit seiner Burgruine (1243) und der „1000jährigen Linde" (Bild unten) – nach Ansicht der Fachleute 800 Jahre alt – ist zur Zeit der Kirschblüte unvergleichlich schön. Karte von 1906.

SCHIERSTEIN a. Rhein

Hafen.

Schierstein, seit 1926 eingemeindet, ist bekannt durch seinen Winterhafen (von 1859) für die Rheinschiffahrt, Jacht- und Segelsport. Karte von 1913.

Amöneburg gehört erst durch die Grenzziehung der Besatzungszone seit 1945 zu Wiesbaden. Ab 1908 war es ein Ortsteil von Kastel, das wiederum zu Mainz zählte. 1858 wurde das erste Wohnhaus der Ortschaft errichtet, die somit unter die allerjüngsten des Rhein-Maingebietes zu rechnen ist. Die Karte von 1899 ist typisch für die Zeit.

Wiesbaden. Dambachtal.

Der stadtnahe Teil des Dambachtales gehört mit seinen Villen zu den Wohngegenden Wiesbadens, der in vielen Menschen den Wunsch aufkommen ließ, gerade in der Bäderstadt ihre alten Tage zu verbringen. Als dieses Foto aufgenommen wurde, lebten 300 Millionäre in Wiesbaden.

Neue Kaiserbrücke Mainz-Wiesbaden. *2. 10. 11. 06.*

Die Kaiserbrücke, am 1. Mai 1904 eingeweiht, wurde am Sonntag, 18. März 1945, von der deutschen Wehrmacht gesprengt, nach dem Krieg jedoch in veränderter Form ohne die neuromanischen Türme wieder aufgebaut. Karte von 1906.

128